2 OU 3 COISAS QUE EU SEI DELAS

2 OU 3 COISAS QUE EU SEI DELAS

Flávio Marinho

Cobogó

COLEÇÃO DRAMATURGIA

Sumário

2 ou 3 coisas que eu sei delas: Histórias, músicas e memória

Um grupo de velhos amigos se reúne, num fim de noite, no bar do teatro. Um garçom, uma pianista, uma atriz-cantora e, no centro de tudo, um dramaturgo que compartilha suas reminiscências com seus parceiros de cena e com o público, sempre com muito humor, muita música e alguma emoção.

O espetáculo foi concebido para sacudir a memória afetiva da plateia não só com a história do Brasil, mas também com a trajetória da cultura brasileira e com as histórias pessoais do escritor-dramaturgo, que dispara todas as recordações. A partir dessas lembranças, o espetáculo abriga quatorze números musicais, entre nacionais e internacionais, cantados, com intenso brilho, por Soraya Ravenle.

A montagem marca, também, o vigésimo quinto ano da parceria entre Luciana Braga e eu, Flávio Marinho. Só que, desta vez, com uma inversão de papéis: agora, quem está em cena sou eu, e ela assina a direção-geral. Um espetáculo delicado, sutil, leve, bem-humorado, que vai fazer o público "viajar" na memória cultural deste autor que vos fala, centrada em figuras de mulheres extraordinárias que marcaram nossa vida, como

Bibi Ferreira, Marília Pêra ou Fernanda Montenegro — madrinha do espetáculo. Vocês vão rir ou se emocionar. Mas nunca ficarão indiferentes. Divirtam-se.

Flávio Marinho
Escritor e dramaturgo

2 OU 3 COISAS QUE EU SEI DELAS

de Flávio Marinho

Este espetáculo é dedicado à sua madrinha,
Fernanda Montenegro.

2 ou 3 coisas que eu sei delas estreou em 3 de setembro de 2025 no Teatro Vanucci, no Rio de Janeiro.

Autor
Flávio Marinho

Direção
Luciana Braga

Direção de movimento
Mabel Tude

Elenco
Soraya Ravenle, Flávio Marinho, Liliane Secco
e Reginaldo Celestino

Voz em off
Fernanda Montenegro

Direção musical
Liliane Secco

Preparação vocal
Felipe Abreu

Direção de arte (cenário e figurino)
Ronald Teixeira

Assistência de cenografia
Pedro Stamford e Ricardo Júnior

Assistência de figurino
Pedro Stamford

Cenotécnico
Guilherme Tommasi

Costureira
Riso Monteiro

Pintura de arte e confecção dos cortinados cênicos
Pedro Stamford e Ricardo Júnior

Iluminação
Paulo César Medeiros

Montagem de luz
Boy George, Yasmin Lira, Antonio Medeiros e Valdeci Correia

Diretora-assistente
Isabel Castelo Branco

Programação visual
Gamba Jr.

Fotos
Beti Niemeyer

Visagismo
Beto Carramanhos

Assessoria de imprensa
Marrom Glacê Comunicação

Filmagem
Johnny

Assessoria jurídica
Roberto Silva

Coordenação de redes sociais
Marcus Vinicius de Moraes

Assistente de direção de arte
Pedro Stamford

Produção executiva
Gleice Caxias

Direção de produção e administração
Lilian Bertim

Desenho de som e operador
Vitor Vieira

Operador de luz
Éder Nascimento

Contrarregra
Reginaldo Celestino

Realização
Marinho d'Oliveira Produções Artísticas Ltda.

É fim de noite. Estamos no Bar do Teatro. Na extrema esquerda do palco, há um pequeno balcão — iluminado por uma panela — com um banquinho à frente. Atrás do balcão, temos um garçom que não diz uma palavra, mas serve bebidas para um grupo de amigos de longa data ali reunidos para recordações, cantar músicas e contar histórias: uma atriz-cantora, um dramaturgo e uma celebrada pianista — dona do estabelecimento.

A ambientação cenográfica é discreta, aconchegante e plena de calor humano, mas seu fundo é glamuroso e delicado, a sugerir, de forma algo abstrata, teatro e música. Vemos, além deste fundo e do balcão do bar, apenas um teclado iluminado por uma outra panela, à extrema direita do palco. Há um banquinho de bar colado ao piano. No centro, separados por uma mesinha de apoio, há mais outros dois banquinhos de madeira, de preferência com um pequeno encosto. Num determinado local do cenário, uma placa de neon onde se lê "Bar do Teatro".

Enquanto o público vai entrando, ouvem-se alguns ruídos estranhos nos bastidores — portas batendo, sussurros —, indícios de que alguma coisa está acontecendo na coxia.

Após o terceiro sinal, a diretora musical e pianista Liliane Secco — vestida com seu impecável terninho preto e um colar de cristais — entra em cena, sob aplausos, e começa a tocar uma curta abertura instrumental (livremente inspirada no "Forrobodó", de Chiquinha Gonzaga) que abre caminho para seus dois companheiros entrarem em cena. No entanto, quando Lili termina a introdução, nada acontece. Mas ouve-se uma voz.

SORAYA:

[*off*] Entra, Flávio! Entra em cena!

Lili, então, repete a introdução instrumental, ainda com mais ênfase e ritmo, como se estivesse "chamando" a dupla ausente. Só que quando termina, nada acontece. Ela olha, com desalento, para a plateia, para o entorno. De repente, ouvimos em off:

SORAYA:

[*off*] Flávio, respira. Vamos entrar? Vai dar tudo certo!

FLÁVIO:

[*off*] Eu não vou entrar em cena nem amarrado!

SORAYA:

[*off*] Você tá louco? O público tá esperando! A Lili já tocou a introdução!

FLÁVIO:

[*off*] E eu já tô todo cagado!

SORAYA:

[*off*] É assim mesmo! Eu fico com frio na barriga todo dia!

FLÁVIO:

[*off*] Pois pode dar o QUINTO sinal que eu não vou! Eu sei que fui eu quem inventou essa maluquice... Mas desisti! Vai lá você e canta!

SORAYA:

[*off*] Mas, meu Deus, vai ser todo dia isso? [*com voz de comando*] Você vai pro palco no peito e na raça!

Nesse momento, Flávio surge em cena, muito a contragosto, vestido de jeans e camisa social cinza com um colete preto, sendo empurrado por Soraya, vestida de forma bem feminina. Ela o coloca sentado no banquinho do centro, enquanto se dirige à plateia.

SORAYA:

Xi, o microfone tava aberto... Boa noite, pessoal. Mil perdões por este show de grosseria.

FLÁVIO:

"Show de grosseria"... Ah, eu é que sou o grosso, é? Sua... sua... pequena tirana grisalha!

SORAYA:

Flávio, não precisa ter medo da plateia. Basta imaginá-la inteiramente nua que esse medo some na hora...

Flávio encara a plateia com um olhar bem expressivo.

FLÁVIO:

[*para o público*] Pessoal, eu passei a vida aí, sentadinho na plateia, como crítico de teatro ou em casa escrevendo as minhas peças, ou, no máximo, ali na coxia dirigindo um espetáculo... E passei todos estes anos resistindo à provocação de algumas pessoas dizendo que eu faço muita palhaçada na vida real e devia ir pro palco!!! Olha o mico!!!

SORAYA:
"Algumas pessoas"? Além de louco, agora é mentiroso! Eu me lembro, por exemplo, e foi você quem me contou!, da história da Louise Cardoso quando vocês estavam ensaiando *Salve, amizade* aqui mesmo no Teatro Vanucci!

FLÁVIO:
O que tem de pequena, ganha na memória... Isso já tem quase 30 anos! Mas é verdade... Um ator faltou ao ensaio e eu, pra não perder o dia... resolvi quebrar o galho e fazer o papel do faltoso... A Louise rolava de rir e queria que eu assumisse o papel... Loucura de uma amiga querida...

SORAYA:
Também tem a história do Falabella que eu sei!

FLÁVIO:
Outro louco... Coisa de novela mexicana "*Es demasiado tarde... La locura entró en esta casa...*" Um dia, o Miguel me disse que se tivesse me conhecido aos 18 anos tinha me arrastado pelos cabelos com ele para o curso do Tablado e eu nunca teria sido crítico de teatro! Será que não é karma astrológico? [*para Soraya*] Aliás, qual é mesmo o seu signo? Eu esqueci de te perguntar isso!

SORAYA:
Sagitário com ascendente em Escorpião.

Flávio bate na madeira três vezes.

FLÁVIO:
[*para Lili*] E você, Lili?

LILI:
Peixes, ascendente em Escorpião.

FLÁVIO:
DOIS Escorpiões? Eu não vou terminar o espetáculo vivo...

SORAYA:
Só depende de você...

FLÁVIO:
Isso só pode ser coisa do Mercúrio retrógado!

SORAYA:
E você? É o quê?

FLÁVIO:
A Leiloca disse que eu sou Gêmeos com ascendente em Leão.

SORAYA:
[*comemora*] Gêmeos! É o meu complemento! [*Flávio olha incrédulo para ela*] E o que mais que Leiloca disse?

FLÁVIO:
Disse que o meu mapa era igual ao da Rogéria... e que eu devia estar no palco!

SORAYA:
Tá vendo? Mais uma! Agora confessa qual foi a gota d'água!

FLÁVIO:
Um dia, o inesperado fez uma surpresa... irresistível... A Fernanda Montenegro me mandou uma mensagem, de madrugada, depois de me ver numa entrevista do canal Curta! E...

Flávio estala os dedos na direção da cabine e o operador de som solta o áudio de WhatsApp de Fernanda Montenegro.

> Foi no [canal] Curta! Agora, tenho a impressão de que uma hora você ainda vai entrar em cena. Entra em cena. Fala da sua vida. É interessante, muito interessante. É maravilhoso entrar em cena. E alguém saiu de casa, até pagou aquele ingresso, pegou uma condução, esperou começar... E aí, você fala... de você. Você tem uma vida tão bonita, bota em cena.

Luz baixa sobre o palco durante a audição do áudio. A luz volta a subir quando o áudio termina.

FLÁVIO:
[*para Soraya*] Quem sou eu pra discutir com a Fernanda?

SORAYA:
É... Mas você não seguiu, exatamente, o caminho que a Fernanda sugeriu, né?

FLÁVIO:
Não... não... porque eu ainda tenho alguma vergonha na cara. Cobrar ingresso pras pessoas ouvirem a minha história...? Coisa mais pretensiosa... Aí eu comecei a perceber a presença feminina neste espetáculo... Olha só: a voz do espetáculo é você, Soraya, a direção musical é da Lili...

SORAYA:
[*corta*] A direção-geral é da Luciana Braga, tem a Mabel, a Lilian, a Gleice, a Gisele Machado, uma mulherada... Mas também tem você, né, Flávio?

FLÁVIO:

Eu não conto. Depois da meia-noite, pode me chamar de Samantha...

SORAYA:

E ainda tem o Reginaldo, nosso contrarregra que contracena!

FLÁVIO:

Mas o Reginaldo tem dupla personalidade. É Reginaldo de dia. E [*cheio de intenção*] "Celestino" de noite... Ih, esquecemos de falar na Ingrid, dona desse teatro, e sua fiel escudeira Lúcia! A Ingrid é uma guerreira que mantém este teatro aberto sem qualquer patrocínio. Na saída, comprem uma jujuba na bonbonnière pra dar uma força! Bom, sou uma ilha, cercado por mulheres de todos os lados... Daí achei que seria menos autocentrado fazer uma homenagem a algumas mulheres — atrizes, cantoras — que marcaram a minha vida... Essa mulherada é danada...

SORAYA:

Pois é... Até porque o teatro brasileiro sempre foi um grande matriarcado.

FLÁVIO:

É mesmo... Se você pensar em Dulcina, Maria Della Costa, Nicette Bruno, Eva Todor, Tônia Carrero, Maria Clara Machado, entre muitas outras, nosso teatro foi dominado por estas criaturas empreendedoras e talentosas. E por mais que a gente, volta e meia, se aventure pelo audiovisual, nossa vida acaba sempre voltando cá — o teatro!

Liliane Secco entra com uma discretíssima introdução instrumental para a marchinha "Isto é o teatro" de Vicente Paiva, numa versão canção, sem ritmo, cantada, com delicadeza, por Soraya, compartilhando a letra com a plateia.

SORAYA:
Nossa vida é o teatro
E o teatro é o nosso lar
Nossa vida é alegria
Nossa glória, representar
Nós vivemos à luz de cores
Sob o céu dos refletores
Não há outro lugar pra se viver
Que nos dê tanta alegria e prazer!
Vamos dizer de coração
E repetir outra vez a cantar
Nossa vida é o teatro
E o teatro é o nosso lar...
Vamos dizer de coração
E repetir a cantar
Nossa vida é o teatro
E o nosso show vai começar!!!

FLÁVIO:
Essa linda canção que a Soraya acabou de mostrar pra gente é uma marchinha composta para uma revista de 1956: *Botando pra jambrar*. Naquela época, eu tinha nascido há pouquíssimo tempo, tá?, havia um gênero cinematográfico extremamente popular entre nós: o melodrama musical espanhol. [*olhando para a plateia e para Soraya*] Pelas cabeças brancas que eu to vendo daqui — parece uma parada do "*gray pride*"...

SORAYA:
Gray pride?

FLÁVIO:

É... Não tem o *gay pride*, o orgulho gay? Agora também tem o *gray pride*, o orgulho cinza! Parece até que nevou no Vanucci! Diante desta nuvem cinza, quem aqui se lembra dos filmes lacrimogêneos de Joselito, Marisol, Pablito Calvo, Sarita Montiel? Pois é, apesar daqueles filmes não serem nada infantis, como eram censura livre, os pais empurravam a criançada para o cinema. Eu tinha uns 5 ou 6 anos quando a minha babá, a Conceição, me arrastou pra ver, num domingo, na sessão das 2...

SORAYA:

[*cortando*] Naquela época, as sessões eram 2, 4, 6, 8 e 10!

FLÁVIO:

E lá fomos nós ver o grande sucesso do momento, *La Violetera*, o carro-chefe de Sarita Montiel.

SORAYA:

[*como a babá*] Vamo logo, menino, que a gente tá atrasado! O filme já vai começá...

FLÁVIO:

Mas eu quero ver *A volta ao mundo em 80 dias*!

SORAYA:

Muito longe! Tá lááááááá no Rian! [*à parte*] O Rian era um cinema maravilhoso que existia em plena avenida Atlântica, em Copacabana! [*como a babá*] Vambora logo que o cinema tá cheio. E eu tô doida pra ver se você vai ler as legendas como eu te ensinei...

FLÁVIO:

[*outro à parte*] É verdade que, sem que meus pais soubessem, a Conceição me ensinou a ler com a ajuda dos anúncios da televisão...

SORAYA E FLÁVIO:
Ducal! Ducal! Ducal!

SORAYA:
D+u...

FLÁVIO:
Du!

SORAYA:
C+a+l...

FLÁVIO:
Cal!

SORAYA:
Muito bem, garoto!

FLÁVIO:
Cá entre nós, não era tão difícil assim meus pais não notarem que eu sabia ler... eles nem percebiam que eu já tinha 10 graus de miopia! [*voltando*] Bom, o cinema tava cheio mesmo. Cheio não. Superlotado. Tive que ver o filme sentado no colo da Conceição.

Flávio se senta no colo de Soraya. Por alguns segundos, enquanto Lili toca um microinstrumental de "La violetera" de Montesinos e José Padilla, babá e criança olham maravilhados para um determinado refletor que pisca. A luz volta ao normal, Lili para de tocar.

SORAYA:
[*como a babá*] Meu bom Jesus! Me acabei de tanto chorá! Vamo vê de novo?

FLÁVIO:

[*à parte*] Naquela época, a gente podia ficar no cinema direto e ver os filmes várias vezes sem ser expulso!

SORAYA:

[*como a babá*] E você? Tá lendo as legendas?

FLÁVIO:

Mais ou menos... Não tô enxergando direito muito, não... Mas vamos ver de novo! Só que eu não aguento mais ficar no teu colo!

Flávio volta para o banquinho. A projeção recomeça e Lili volta a atacar outro microinstrumental de "La violetera". Quando termina... A luz volta ao normal e...

SORAYA:

[*como a babá*] A gente podia ver de novo... pra você entender melhor, né?

FLÁVIO:

Ah, também acho!

A projeção começa pela terceira vez e Lili toca "La violetera" também pela terceira vez; quando termina, luz volta ao normal.

SORAYA:

[*como a babá*] Agora a gente tem que ir embora — criança não pode ficar em cinema depois das 8.

FLÁVIO:

[*para a plateia*] Quando fomos chegando em casa, andando nas nuvens, depois de ter chorado baldes com um dos finais felizes mais absurdos da história do cinema, minha mãe estava, claro, louca na janela — a gente morava no primeiro andar!

SORAYA:

[*como a mãe*] Onde é que vocês se enfiaram? Saíram daqui às 2 da tarde! Já são 8:10 da noite! Conceição! Preciso ter uma conversa séria contigo! Flávio! Já de castigo pro quarto!

FLÁVIO:

Minha mãe não era uma peça. Minha mãe era uma peste! Ela não aprovava essa minha... parceria com a Conceição... E acabou demitindo sumariamente, sem justa causa, a minha babá, a minha parceira, a minha amiga... [*mudando de tom, para o público*] Algum tempo depois, com a graninha da minha mesada, eu já estava comprando o LP com a trilha sonora do filme. Não preciso dizer que, a partir daquele momento, desenvolvi uma paixão infantil pela Sarita — que me acompanhou o resto da vida... 30 anos se passaram desde este "incidente". Eu envelheci, Sarita não!, só amadureceu, se retirou do cinema, mas continuou gravando discos. Num deles, tem uma gravação linda de uma popular ária da *La bohème*, de Puccini, que recebeu uma versão espanhola e foi rebatizada de "Café Gijón", um lindo e antigo café/restaurante que *ainda* existe em Madri. Até hoje, os espanhóis fazem questão de lembrar que, na época da Guerra Civil, este café foi um ponto de encontro de resistência contra a ascensão do fascismo, reunindo artistas e intelectuais como [*começa a entrar a introdução instrumental de "Café Gijón"*] Pablo Picasso, Federico García Lorca ou Miguel Mihura. A versão espanhola nada tem a ver com o original do Puccini. Mas, honestamente, ficou linda.

SORAYA:

[*acompanhada por Lili, canta "Café Gijón", uma versão em espanhol de Alberto Cortez, Graham Preskett para "La bohème", de Giacomo Puccini*]

Es luz en la penumbra
Es toda la bohemia
Viejas tertulias, sueños y anemias
El duende del Gijón es de Juan Ramón,
De Pablo, Federico y de Miguel
De Ramón y Cajal y de Rubén
En medio del salón del café Gijón
El duende del pasado se ha adueñado
De mi corazón
Actores... buscando un personaje
Para darle vida y vivir
Poetas... rimando en cada verso
La quimera de sobrevivir...
Laureles, fracasos
La guerra...
De paso...
Hoy, tantos años ya,
Sigue sin cesar
Velando las tertulias como ayer
Sumándose a la bulla del café
El duende del Gijón
Es una ilusión
De páginas y sueños
Que jamás perdieron su color...
Coleccionando versos vivirá
Historias y recuerdos de amistad

Es como una canción
Como una obsesión
La música del duende loco
Del viejo Madrid del Gijón...

FLÁVIO:

Lindo, né?... Ouvir isso, pela primeira vez, é outra daquelas emoções que marcam a vida da pessoa pra sempre... [*muda de tom*] E a emoção que foi quando, há exatos 60 anos, uma inglesa maluca abriu os braços cantando que as colinas estavam vivas — o que, convenhamos, é uma imagem aterrorizadora. Mas ela seduziu o mundo. E deu uma rasteira nesta criança. Estou falando da Julie Andrews na *Noviça rebelde*, é claro! [*para o público*] Quem viu o filme aqui? [*espera-se uma resposta*] Quantas vezes? [*espera-se mais respostas*]

SORAYA:

E você? Quantas vezes você viu a *Noviça*?

FLÁVIO:

Ih, perdi a conta. Vejo até hoje aquele musical sobre união familiar, acolhimento e pertencimento, coisas que desconhecia na minha vida. E aquele sentimento de solidariedade em que todos se unem pra salvar a família das garras da extrema-direita? As freiras *roubam* uma parte do motor do carro dos nazistas; o tio Max, que só pensa em dinheiro, abre mão de ganhar uma grana com eles pra ajudá-los a fugir...

SORAYA:

E você se lembra da primeira vez em que viu o filme?

FLÁVIO:

Claro! Tinha 10 anos e fui com a minha mãe e a minha tia no cinema Palácio, hoje o lindo Teatro Riachuelo. Fiquei doido pelo filme e, como toda criança obsessiva, eu queria ver a *Noviça* toda semana. É claro que ninguém lá em casa estava disposto a ficar me levando. Foi então que meu pai, que era coronel, resolveu ensinar ao cadete — eu! — a me virar sozinho. Então, eu pegava o 119 e, quando avistava o Monumento aos Pracinhas, eu puxava a cordinha, descia do ônibus, atravessava a rua e ia parar no Palácio. [*pausa*] Eu acho que, de certa forma, eu ainda estou lá, naquela poltrona, protegido pelo escurinho do cinema e embalado pela voz da Julie Andrews...

SORAYA:

[*mudando o tom*] E eu tenho certeza que os 60 anos da *Noviça* vão receber uma homenagem especial do Flávio Marinho!

FLÁVIO:

Claro! Mas vamos lembrar a letra que a atriz Norma Suely cantou no *Música, divina música*, na primeira versão da *Noviça* pro teatro no Brasil. [*pausa*] Afinal, a Norma Suely foi até Brasília dirigindo o seu fusquinha, caindo aos pedaços, pra conseguir patrocínio com o então presidente Castelo Branco. E conseguiu!

SORAYA:

Essa gente de teatro corre atrás... E a Norma chegou na audiência com a maçaneta da porta do fusquinha na mão, né? [*ambos riem*] Diante disso... [*para Lili*] Introduz, maestrina!

Lili ataca a introdução instrumental de "Dó-Ré-Mi", de Richard Rodgers e Oscar Hammerstein. Cai a letra do urdimento, em letras garrafais.

SORAYA:
[*canta a versão de Billy Blanco para o musical* Música, divina música]

Dó, é pena de alguém
Ré, que anda para trás
Mi, pronome que não tem
Fá, que falta que nos faz!
Sol, é o nosso astro-rei!
Lá, distante que nem sei!
Si, de sino e de sinal!
E, ao final, voltei do dó, dó, dó!

Todo mundo!

E todos repetem a música.

SORAYA:
[*vitoriosa, pergunta à plateia*] Foi bom, não foi? Mas o que pouca gente sabe é que, uns 20 anos depois deste dó-ré-mi, a doida se enfiou durante meses em Nashville, sede da música sertaneja americana, pra gravar um LP de música country. A rainha da opereta dando uma de rainha dos caminhoneiros? Tinha tudo pra dar errado.

FLÁVIO:
E não é que, contra todas as expectativas, o projeto country da inglesa democrata resultou num dos seus mais belos álbuns?

Julie chegou a gravar 25 clássicos dos melhores compositores do gênero, como este, sintomaticamente intitulado "Crazy".

SORAYA:

Doida.

Lili começa a atacar a introdução instrumental de "Crazy", de Willie Nelson.

FLÁVIO:

Exatamente. Acho até que é por isso que essas mulheres me encantam: por serem ousadas, aventureiras. Todas tem essa característica de nos surpreender — que é o traço principal de uma verdadeira estrela.

SORAYA:

[*canta "Crazy", de Willie Nelson*]

Crazy,
I'm crazy for feeling so lonely
I'm crazy,
Crazy for feeling so blue
I knew you'd love me as long as you wanted
And then someday
You'd leave me for somebody new
[...]

FLÁVIO:

[*para Soraya*] Arrasou, pequena tirana... [*para a plateia*] Falando da capacidade dessas artistas de nos surpreender, não foi por acaso que escolhi a Soraya pra estar aqui do meu lado...

SORAYA:

Ai, meu Deus... Vê lá o que você vai falar...

FLÁVIO:

Relaxa... Só vou dizer que, outro dia, fui ver um espetáculo da Soraya, de que eu gostei muito, tá?, e não entendi nada... Olha que eu prestei uma atenção danada... Mas não houve jeito... A coisa se chamava *O verbo é ir*... Tô até hoje tentando descobrir pra onde a nossa tirana tava querendo ir...

SORAYA:

Ih, eu ainda quero ir pra tantos lugares, Flávio... E aquele espetáculo não era mesmo pra entender, era mais pra sentir, sabe? Eu tava experimentando como as tuas queridinhas gostam tanto de fazer.

FLÁVIO:

Ah, como a Barbra Streisand, por exemplo, que lançou um LP só com músicas clássicas, o *Classical Barbra* — embora seja uma cantora popular. [*num à parte pra Lili*] Eu tinha que falar na Barbra neste espetáculo, porque senão era capaz de caçarem a minha carteirinha do sindicato. [*volta para o público*] Eu ouvi a Barbra Streisand pela primeira vez lá pelos idos de 1966 — no século passado! A música "Free Again" fazia muito sucesso na voz de um cantor americano, mas nunca chamou muito a minha atenção. Aquele "Free Again" podia ser "Vou de trem" que dava no mesmo. Mas quando eu ouvi no rádio a *Barbra Streisand* cantando, a música virou um grito de liberdade tão potente que não dava pra ficar indiferente. Naquela época, já estávamos em plena ditadura militar e a música, no canto desesperado da Barbra, ganhava um novo significado. Talvez o seu verdadeiro significado. "Livre de novo". Resultado: Mais uma vez, com a graninha da minha mesada, comprei o compacto simples de "Free Again". [*olha para o público*] Não me olhem com essa cara que todo mundo aqui sabe muito bem o que é um compacto simples. Só falta alguém dizer "Ah, eu sou da época do single..." É ruim, hein! Pois é... Todo mundo conhece a Barbra Streisand de "People... People who need people..." e outras baladas românticas. Só que o *Classical Barbra* também fez tanto sucesso que acabou virando "disco de ouro". E a Soraya vai cantar pra gente esta lindeza chamada "Après un rêve" do Gabriel Fauré — um compositor francês do século XIX e que está no disco... [*Lili entra com a introdução instrumental "Après un rêve"*] A Barbra tem enorme paixão por todas as artes, eu também; a Barbra tinha problemas com a família, eu também; a Barbra se sentia excluída do ambiente em que vivia, eu também. Acho que eu reconhecia nela as minhas feridas...

SORAYA:
[*canta "Après un rêve", de Gabriel Fauré*]

Dans un sommeil que charmait ton image
Je rêvais le bonheur, ardent mirage,
Tes yeux étaient plus doux, ta voix pure et sonore,
Tu rayonnais comme un ciel éclairé par l'aurore;

Tu m'appelais et je quittais la terre
Por m'enfuir avec toi vers la lumière,
Les cieux pour nous entr'ouvraient leurs nues,
Splendeurs inconnues, lueurs divines entrevues.

Hélas! Hélas, triste réveil des songes!
Je t'appelle, ô nuit, rends-moi tes mensonges;
Reviens, reviens radieuse,
Reviens, ô nuit mystérieuse!

FLÁVIO:
Vocês notaram que ela já cantou em espanhol, em inglês e, agora, em francês? Já tô vendo o próximo show dela: "A Internacional Soraya Ravenle"! Praticamente uma nova Lana Bittencourt...!

SORAYA:
Debochado... Há 36 anos que ele é assim...

FLÁVIO:
Verdade... Eu conheci a Soraya nos idos de 1989, quando eu tinha 2 anos... e ela um e meio no espetáculo *Como se tornar uma supermãe em dez lições*, uma adaptação minha para uma comédia francesa. Mesmo com esta pouca idade, ela, que fazia uma mocinha virginal no espetáculo, engravidou e teve que sair da peça. Pra vocês terem uma ideia de quando tudo isso aconteceu, nessa época, ninguém ainda sabia que a Soraya cantava. Pré-história, praticamente.

SORAYA:
Mas eu já era atriz e bailarina. E contracenava com a dona Eva Todor, tá?!

FLÁVIO:
É verdade... Poucos anos depois, já nos anos 90, quando os musicais começaram a retomar impulso no Brasil, havia um que fazia enorme sucesso de público e crítica, dedicado à Dolores Duran. E quem seduzia todo mundo no papel-título?

SORAYA E FLÁVIO:
A pequena tirana grisalha!

SORAYA:
Foi um divisor de águas pra mim. Um musical sobre a vida da Dolores que mudou a minha vida. A Dolores viveu 29 anos e estu-

dou só até a quarta série, mas cantava em várias línguas e compôs somente 20 e poucas músicas — mas que marcaram a história da música brasileira. Ela era uma mulher preta e, hoje, mesmo que eu fosse jovem, não poderia fazer esse papel. E que bom que, nesse sentido, o mundo mudou — pra melhor. Ah, então, vamos relembrar uma das músicas mais bonitas e emblemáticas do repertório de Dolores Duran... [*Soraya se levanta do banquinho e canta, à capela, "A noite do meu bem", de Dolores Duran*]

Hoje eu quero a rosa mais linda que houver
E a primeira estrela que vier
Para enfeitar a noite do meu bem...

Hoje, eu quero paz de criança dormindo
E o abandono de flores se abrindo
Para enfeitar a noite do meu bem
[...]

FLÁVIO:

Estão vendo como a pequena tirana é terrível...? Dispensa até acompanhamento... E olha que nós temos aqui uma das mais premiadas diretoras musicais do Brasil: Liliane Secco! [*puxa palmas pra ela*] Eu conheci a Lili em 1994 e nunca mais larguei dela! Lili havia acabado de se formar, com louvor, em música em Berklee, nos Estados Unidos. Mas não Berkeley, Califórnia... aí bicho... paz e amor... não... é Berklee, Boston.... Quer dizer, esta carioca da gema ficou com neve até o nariz durante 4 anos, estudando feito uma camela. E em 1994, a Lili já fazia a direção musical e eu a direção-geral de um show chamado *Falabella canta Disney*, onde, como dizia o título, o Miguel Falabella cantava músicas dos desenhos animados do Walt Disney. Foi um sucesso enorme. Ficamos mais de um ano em cartaz no horário da meia-noite (bem antes da pandemia, é claro) aqui embaixo, no café do Teatro dos Quatro — antes de o espaço virar uma boutique. [*para si mesmo*] Ainda se diz boutique hoje em dia? Bom, seja como for, a Disney não gostou nem um pouco de ver o Pato Donald envolvido num show de cabaré e mandou a gente trocar o título.

SORAYA:
Mas, meu Deus, eu não sabia disso... E virou o quê?

FLÁVIO:
Falabella solta os bichos. No meio desse caos, eu pude perceber uma formiguinha trabalhadeira, que chegava duas horas antes do espetáculo começar, montava e plugava toda uma traquitana eletrônica complicadíssima... Ela era, basicamente, um teclado cercado de computadores por todos os lados... E o resultado era incrível: uma mulher-orquestra! Enquanto esta monstrinha criava arranjos para todas as 20 músicas da Disney que tocavam no show, eu fazia as versões. Em muitas delas eu tive que dar nó em pingo d'água. A música de abertura, por exemplo, era do desenho animado *A Bela e a Fera*, chamada "Be Our Guest", que, em português, quer dizer "seja nosso convidado". Mas na versão não houve jeito de eu encaixar "se-já nos-so con-vi-da-do". Sobrava coisa. E acabou virando um convite ao pagamento do ingresso: "O couvert". Falabella realmente soltava os bichos com a ajuda inestimável da nossa Lili...

SORAYA E LILI:
[*cantam a versão de Flávio Marinho de "Be Our Guest" de Alan Menken e Howard Ashman para* Falabella solta os bichos. *Flávio fica calado na primeira estrofe, se fingindo de morto. Mas, no meio, a pequena tirana se vira pra ele e, com autoridade, diz: "Canta, Flávio!" Ele leva um susto e canta com as duas*]

Um couvert, um couvert,
Seja homem ou mulher
Seja LGBTQI
E APN+
Um chéri, um guri
Só queremos divertir
Toma um drink, uma delícia
Tira gosto, com perícia
Vem cantar, vem dançar
Quem tá a fim de rosetar?
Um jantar aqui só vai atrapalhar
Escolha um coquetel
E faça um bom farnel
Do couvert, do couvert, do couvert!

OS TRÊS:
Não procura um suflê
Não há nada tão *flambé*

SORAYA:
Não se esqueça que isso aqui é só um show de cabaré

FLÁVIO:
Sem cantor, sem ator

LILI:
Mas Soraya ensaiou!

SORAYA:
Se o show tá entretendo
Isso é coisa que eu entendo
Tem piada, bem safada

FLÁVIO:

Tem até conto de fada!

OS TRÊS:

Não esperem uma mensagem social!

SORAYA:

Aqui não tem talher

FLÁVIO:

E ninguém dá colher

Do couvert!

FLÁVIO:

Não se apresse
A Ingrid agradece

OS TRÊS:

O couvert, o couvert, o couvert!

FLÁVIO:

[*meio recitativo*]

Fico tão nervoso
Pra cantar, sou receoso
Sei que sou o que eu sou
E nada mais...
Eu só quero um dó da Julie Andrews
Acho que estou mais pra Jamelão
Vivo esse tormento
Vendo que a qualquer momento
Vou perder a voz, a chance de me exibir
E o pior é que vocês vieram
Mas ninguém aqui vai ver meu fim!

— Canta, Soraya!

SORAYA:
Um couvert, um couvert
Paga até um chanceler
Paga rico, paga pobre
Sem dinheiro ou com chofer
Se entrou, vacilou

FLÁVIO:
Vai beber e vai comer

LILI:
Mas não é um restaurante

OS TRÊS:
Um a um
A consumir
Pra gritar, reclamar, quero paz: "Não posso mais!"
Isso aqui vai ser um salve-se quem puder!

SORAYA:
Não vou sair daqui

FLÁVIO:
E nem vou traduzir!

OS TRÊS:
Um couvert, um couvert, um couvert
Sou seu couvert!!!!!!

FLÁVIO:
Oba!!!!!!

Adoro um "oba!". Devia ter nascido na época do teatro de revista. [*pausa*] Desde criança, o teatro sempre foi uma grande paixão na minha vida. E daonde nasceu essa fissura? Não foi dos meus pais, que iam ao teatro, mas não me levavam. Por incrível que pareça, foi da televisão! Desde pequeno, eu ficava grudado na TV vendo o *Grande Teatro Tupi* com a Fernanda Montenegro — sempre ela!!! — e um grupo de grandes atores fazendo textos clássicos; eu também via o *Teatro da Imperatriz das Sedas,* que era especialista em exibir comédias; e não perdia, de jeito nenhum, aos domingos, às 2 da tarde, o *Teatrinho Trol* e seus contos de fada: Norma Blum era a princesa, Roberto de Cleto, o príncipe, Paulo Padilha, o Rei, e a Zilka Salaberry era uma bruxa maravilhosa... Incrível...

SORAYA:

Incrível mesmo... A televisão formando plateia teatral... E eu lembro que você, uma vez, me contou que saía correndo da praia mais cedo justamente pra não perder um Teatrinho Trol...

FLÁVIO:

[*cortando*] Eu te contei isso?

SORAYA:

Contou...

FLÁVIO:

Geminiano fala demais... Quando?

SORAYA:

Ah, não lembro... A gente se conhece há tanto tempo... Mas, me diz uma coisa: os teus pais não achavam estranho você largar a praia assim e ficar vendo teatro até de madrugada na TV...?

FLÁVIO:

Acho que eles não prestavam muita atenção em mim, não... Mas eles sabiam que eu não dormia enquanto *eles* não chegassem do teatro e me dessem o programa da peça pra eu ler. Desde essa época, fiquei com a mania de programa de teatro...

SORAYA:

[*cortando*] Então, aquele teu livro nasceu daí...

FLÁVIO:

É verdade... Séculos depois, eu lancei o livro *Teatro é o melhor programa*, onde eu conto a história do teatro carioca através dos programas...

SORAYA:

[*comentando com a plateia*] É que o meu amigo obsessivo aqui guardou todos os programas através dos anos!! Vocês precisavam ver a casa dele!! Acumulador!!!

FLÁVIO:

[*corrigindo*] Colecionador! Os meus pais me traziam os programas, mas me levar ao teatro, que era bom, não levavam, não. Em compensação, tinha a tia Oma — a avó alemã do meu melhor amigo lá do prédio — que achava superimportante para a nossa educação que nós, crianças, fôssemos, desde cedo, ao teatro. Foi assim que eu assisti, aos 7 anos, a Bibi Ferreira e Paulo Autran em *My Fair Lady*, no Teatro Carlos Gomes, na plateia, na fila L!!!!!

SORAYA:

Depois eu é que tenho memória de elefante!

FLÁVIO:

Eu quase pirei! Cada vez que o cenário girava, eu ia caindo um pouco pra frente na poltrona, de boca aberta. Tia Oma não perdoava:

SORAYA:

[*como tia Oma, com sotaque*] Senta direito, Flávio! Desse jeito vai cair da poltrona!

FLÁVIO:

[*para a plateia*] E ela tomava lição da gente depois do espetáculo...

SORAYA:

[*como tia Oma, com sotaque*] Flávio! Me fala como é a história da peça!

FLÁVIO:

[*criança, procurando as palavras*] É a história de uma florista pobre e de um professor que ajuda ela a virar uma moça rica...

SORAYA:

[*como tia Oma, com sotaque*] Brrrravo! Muito bem! Resumiu muito bem!

FLÁVIO:

Acho que a minha carreira de crítico — uma coisa que ficou no seu tempo — começou aí... Mas, antes de qualquer coisa, eu fiquei mesmo inteiramente apaixonado é pela Bibi. Quando ela aparecia vestida pra ir ao baile, no alto de uma escada, eu me lembro de perguntar à tia Oma: "Mas é a mesma pessoa? É a mesma que andava gritando *aaauuuu* e vendendo violeta?" Eu não podia acreditar no que tava vendo. Saí do teatro querendo casar com a Bibi Ferreira!

SORAYA:

[*como tia Oma, com sotaque*] Que besteira, Flávio! A Bibi já é casada!

FLÁVIO:

Lembro, até hoje, a cena dela cantando a música mais conhecida da peça. Sua personagem, a Eliza Doolittle, percebia que estava apaixonada pelo professor Higgins sem que, em nenhum momento, a palavra "amor" fosse mencionada... Lembro bem... [*começa a entrar a introdução instrumental de "Eu dançaria assim"*] Bibi estava de pé... [*Soraya se levanta*] com um único refletor branco de frente [*acende um refletor branco de frente*] e um único refletor também branco de contraluz [*acende um refletor branco de contra*]. E só com isso a magia do teatro acontecia!

SORAYA:

[*canta "Eu dançaria assim" na versão de Henrique Pongetti para o espetáculo* Minha bela dama]

Eu dançaria assim...
Toda esta noite e mais...
Depois ia dormir...
Podia até dizer
Que despertou em mim
A ânsia de viver
Não sei por que
O tiro deu no alvo
Não sei por que
Vibrou meu ser
Só sei que foi assim
Desde o instante em que
Nós começamos a... dançar!!!

FLÁVIO:

A partir desse dia, virei uma estranha criança que só falava em Bibi. Chegava o ano de 1966, e a Bibi estrelava *Alô, Dolly!* no Teatro João Caetano. Mas nem assim meus pais se mexeram. Foi preciso que meu tio Rozendo, irmão do meu pai, que era presidente do Cineclube do Rio de Janeiro — e me dava fotografias incríveis dos filmes em cartaz! —, saísse de seus cuidados e me levasse pra ver o espetáculo numa matinê de sábado. Lembro que ele comprou uma frisa só pra nós dois...

SORAYA:
Naquela época, o Teatro João Caetano tinha frisa?

FLÁVIO:
Tinha! E lá fui eu ver a Bibi cantando *Alô, Dolly*! Eu lembro quando apareceu um trenzinho em cena, quase me atirei da frisa. Também lembro a cena do restaurante em que a Bibi ficava sentada numa mesa no canto do palco falando e comendo sem parar. Fiquei impressionadíssimo. Tio Rozendo me cochichou: "Ela tá comendo marzipan!" Como é que ele sabia dessas coisas?

SORAYA:
Poxa, esse é o tipo de tio que todo mundo gostaria de ter...

FLÁVIO:
Pois é... E ele sabia muito mais. Quando acabou o espetáculo, o titio passeou comigo pelo teatro, me ensinando: "Aquela cortina do palco se chama pano de boca, aqueles panos pretos que estão lá no alto se chamam bambolina, aquele refletor grande que o moço fica manejando lá de trás se chama canhão..." Eu absorvia aquilo tudo como uma esponja. Quando finalmente saímos do teatro, a sala já tava vazia. Atravessamos a rua e o tio Rozendo me ofereceu um milk-shake no botequim em frente. Quando a gente entrou no botequim quem é que estava lá, de pé, vestida a caráter, traçando um imenso sanduíche de peito de peru? A Bibi! E não é que o danado do meu tio conhecia ela?

E me apresentou: "Bibi, este aqui é meu sobrinho e seu maior fã!" É claro que, por mais que eu quisesse, a voz não saía. E ela:

SORAYA:
[*como Bibi Ferreira*] Ah, que bonitinho... Desse tamaninho e já de óculos? O gato comeu a sua língua?

FLÁVIO:
Com certeza a perplexidade tinha comido a minha língua, mas não com a voracidade com que ela devorava aquela bisnaga.

SORAYA:
[*como Bibi Ferreira*] Ah, meu filho, eu preciso me alimentar porque ainda tenho mais sessão pra fazer...

FLÁVIO:
Naquela época, era muito comum fazer dois espetáculos às quintas, aos sábados e aos domingos! É claro que, na primeira oportunidade, eu contei essa história pra tia Oma, que não ficou nem um pouco empolgada — acho mesmo que ficou até com ciúme do tio Rozendo — e resmungou:

SORAYA:
[*como tia Oma*] Você não pode ficar vendo só comédia musical. Vamos ver uma peça de verdade!

FLÁVIO:
E na semana seguinte tia Oma me arrastou pra ver, no extinto Teatro Santa Rosa, *Homem do princípio ao fim*, uma peça do Millôr Fernandes e estrelada pela...

SORAYA E FLÁVIO:
Fernanda Montenegro!

FLÁVIO:

Era uma isca fatal. Eu já conhecia a Fernanda do Grande Teatro Tupi, mas ver ao vivo... era outra história. Muitas coisas me impressionaram naquele espetáculo: um monólogo em que a Fernanda simulava fazer amor com um parceiro imaginário, uma música contra a bomba atômica que encerrava o espetáculo... Lembro que, enquanto eu cantarolava a música da bomba, já na rua, depois do espetáculo, a tia Oma comentava com uma amiga dela que sempre ia ao teatro com a gente...

SORAYA:

[*como tia Oma*] Isso não é espetáculo pra criança... Não devíamos ter trazido o Flávio... Não deve ter entendido nada...

FLÁVIO:

Nunca subestime a inteligência de um pré-adolescente! Não só eu tinha entendido tudo, como, a partir daí, a minha tara pela Fernanda não deixou escapar mais nenhuma peça ou filme que ela fizesse. Recentemente, vocês devem ter visto as leituras da Fernanda sobre Nelson Rodrigues e Simone de Beauvoir. Mas ela fez de um tudo na vida...

SORAYA:

Verdade... E também estava à frente de um adorável musical chamado *Suburbano coração*, com músicas de Chico Buarque, que estreou aqui mesmo, neste shopping.

FLÁVIO:

O espetáculo, infelizmente, teve vida curta porque foi montado na época do confisco da Zélia em que todo mundo ficou duro — porque aquela senhora decidiu que dava pra gente viver só com 50 cruzados novos no bolso. Lembram disso?

SORAYA:

Mas quanto vale 50 cruzados novos hoje em dia?

FLÁVIO:

2 centavos. A produção da Fernanda, entre muitas outras, não conseguiu sobreviver ao confisco do Plano Collor. Em compensação, felizmente, Chico e Fernanda continuam aí encantando nossos suburbanos corações...

SORAYA:

[*canta "A mais bonita", de Chico Buarque*]

Não, solidão, hoje não
Quero me retocar
Nesse salão de tristeza
Onde as outras penteiam mágoas
Deixo que as águas invadam meu rosto
Gosto de me ver chorar
Finjo que estão me vendo
E eu preciso me mostrar

Bonita
Pra que os olhos do meu bem
Não olhem mais ninguém
Quando eu me revelar
Da forma mais bonita
Pra saber como levar todos os desejos que ele tem
Ao me ver passar

Bonita
Hoje eu arrasei
Na casa de espelhos, espalho meus rostos
E finjo que finjo, que finjo, que não sei
Deixo que as águas invadam meu rosto

Gosto de me ver chorar
Finjo que estão me vendo
E eu preciso me mostrar

Bonita
Pra que os olhos do meu bem
Não olhem mais ninguém
Quando eu me revelar
Da forma mais bonita
Pra saber como levar todos os desejos que ele tem
Ao me ver passar

Bonita
Hoje eu arrasei
Na casa de espelhos, espalho meus rostos
E finjo que finjo, que finjo, que não sei...

FLÁVIO:

Fernanda e Bibi deram o pontapé inicial nessa minha paixão pelo teatro. Mas, logo depois, entrou mais uma grande mulher e uma grande atriz em cena: Marília Pêra! Ironicamente, também foi a televisão que nos apresentou, na novela *Beto Rockefeller*. Marília fazia a Manuela e eu fiquei completamente hipnotizado por aqueles olhões e siderado com aquela interpretação moderna, aquele deboche irresistível, um humor crítico que eu desconhecia... Anos depois, veio um show sobre a Carmen Miranda: *A pequena notável*, na casa noturna Night And Day, na cobertura do Edifício Serrador, à meia-noite, em plena Cinelândia. Definitivamente, eram outros tempos.

SORAYA:

É... naquela época, a Cinelândia era a nossa Times Square!

FLÁVIO:

Verdade! Eu tinha completado 18 anos e queria me dar de presente assistir ao espetáculo. Mas era muita grana. E meus pais, pra variar, não estavam nem um pouco dispostos a bancar este meu, digamos, capricho. Nesse meio-tempo, tio Rozendo caiu gravemente doente. Nunca soube direito o que ele teve. Nunca ninguém me explicou. Parecia que eu vivia num filme do Bergman: *O silêncio*. Só sei que um belo dia recebi uma ordem da baronesa decaída, minha mãe.

SORAYA:

[*como a mãe*] Hoje, vamos todos visitar seu tio no hospital, que ele não está nada bem. Esteja pronto às quatro horas.

FLÁVIO:

Obedeci. Chegamos no hospital e lá estava o tio Rozendo bastante abatido na cama. Todo mundo falou coisas ao mesmo tempo, mas eu, que não tinha ideia da gravidade da doença, fiquei num canto, calado. De repente, por algum motivo que me escapa, todos saíram e eu fiquei sozinho, cara a cara com ele. Aí, meu tio fez assim pra mim: "Psiu, vem cá, chega aqui..." Quando me aproximei da cama, ele pegou debaixo do lençol um bolinho de dinheiro e me entregou... "O que é isso, tio Rozendo?" "Pra você ir ver a Marília..." [*pausa*] Duas semanas depois, ele morria e, em sua homenagem, eu fui ver a bela Pêra, recriando Carmen Miranda nos mínimos gestos. Consegui arrastar três amigos da faculdade de Direito — sim, eu fiz Direito e Comunicação e só depois eu virei essa coisa que faz teatro. Nós quatro éramos muito duros, enquanto todos à nossa volta, eram muito ricos, jantavam e bebiam vinho. Chegou o garçom com um cardápio enorme de coisas muito caras.

Reginaldo entrega a Flávio o cardápio que o esconde de tão grande. Breve pausa. Flávio baixa o cardápio em pânico.

FLÁVIO:

[*com pompa e tranquilidade diz para o garçom*] Quatro cocas. Médias, por favor. [*para o público*] Passamos a noite inteira fazendo render uma coca-cola média — caríssima —, que ficou chocando na frente de cada um de nós durante todo o espetáculo. Mas valeu a pena cada centavo.

Começa a entrar a introdução instrumental de "Ta-hí".

SORAYA:

Trinta anos depois, estreou outro musical dedicado à Carmen Miranda: *South American Way*, agora estrelado por DUAS atrizes: a pequena notável Stella Miranda e por mim, Soraya.

Soraya canta "Ta-hí", de Joubert de Carvalho, primeiro sozinha, depois acompanhada de Flávio e Lili.

FLÁVIO:

Quando eu fiz 18 anos, qual era o meu maior sonho? Sair da casa dos pais ou fazer uma primeira viagem internacional. Eu fiquei com a viagem. Voei, óbvio, para Nova York. Pra quê? Pra ver muito teatro, muito musical. E logo meu primeiro musical foi *A Little Night Music*, com trilha sonora do Stephen Sondheim, um dos maiores gênios do teatro musicado. O espetáculo era estrelado pela Glynis Johns, uma atriz inglesa na época com 50 anos, que fez muito sucesso como a mãe doidivanas do *Mary Poppins*.

SORAYA:

Essa história é difícil... a Glynis Johns havia acabado de superar um câncer de mama, teve o seio inteiramente reconstruído e usava figurinos decotados em cena. Como os fofoqueiros de plantão podem ser muito cruéis, dizia-se, na época, que muita gente estava indo ao teatro para ver, ao vivo, o resultado da operação. A maldade do ser humano pode ser impiedosa.

FLÁVIO:

Nesse espetáculo, ela cantava, pela primeira vez, aquele que seria um dos maiores clássicos românticos de Stephen Sondheim: "Send in the Clowns" — "Chamem os palhaços". É uma expressão circense. Aparentemente, quando alguma coisa dá errado no picadeiro — a queda de um trapezista, uma faca que acerta, sem querer, uma infeliz de maiô — o mestre de cerimônia grita: "Que entrem os palhaços!" E lá entram os palhaços em cena pra disfarçar o acidente. Esta imagem foi lindamente transformada em música e interpretada pelas maiores cantoras do mundo.

SORAYA:

[*canta "Send in the Clowns" — na versão com a letra especialmente revisada por Stephen Sondheim para Barbra Streisand*]

Isn't it rich, are we a pair
Me here at last on the ground
You in mid air
Send in the clowns
Isn't it bliss, don't you approve
One who keeps tearing around
One who can't move

Where are the clowns
Send in the clowns
[...]

FLÁVIO:

Esse *A Little Night Music* foi o primeiro musical que eu vi lá fora. Agora, o primeiro musical em que eu me meti, depois de largar 14 anos de jornalismo, foi o *Noviças Rebeldes.*

SORAYA:

[*sorrindo, maliciosa*] Há, há, há... Adorei! "Passou de pedra a vidraça"... Não sei por que isso me provoca outro prazer maligno...

FLÁVIO:

Monstra... Eu tinha visto o original em outra viagem a Nova York e, como era muito divertido, sugeri ao Wolf Maya montar uma versão brasileira. Pra minha surpresa, o Wolf, muito generosamente, me convidou pra fazer a tradução e adaptação do texto e, ainda, estrear como versionista — quer dizer, um batismo triplo. Naquela época, eu não tinha a menor ideia de como se fazia uma versão. E o Wolf: "Calma! Eu vou te mostrar o caminho e você nunca mais vai esquecer..." Nessa época, 1987, o que alguns de vocês talvez não saibam, a gente ainda era obrigado a fazer ensaio geral para a censura. Imaginem a cena: a plateia vazia, só aquela pessoa sentada ali, olhando pra cara da gente, com um bloquinho na mão, fazendo anotações. Eles mandavam cortar falas, cortar cenas, às vezes até proibiam, integralmente, um espetáculo na véspera da estreia. Como aconteceu com *Calabar*, um musical de Chico Buarque e Ruy Guerra.

SORAYA:

Precisamos estar sempre atentos pra esse tempo não voltar nunca mais, né? Porque em 1987, apesar de a ditadura ter, oficialmente, acabado, o clima continuava tenso.

FLÁVIO:

Cininha de Paula, que fazia a madre superiora, foi chamada às pressas na TV Globo no dia da apresentação para a censura! Sabe o que aconteceu? O Wolf (!) se vestiu de freira e fez o espetáculo com o texto na mão! Os censores iam achar que a gente tava gozando com a cara deles. Uma madre superiora barbada? Era circo? Onde já se viu isso? Mas os deuses do teatro estavam do nosso lado, eles se escangalharam de ir e liberaram o espetáculo sem cortes!

SORAYA:

E *Noviças* foi um sucesso estrondoso! Ficou 12 anos em cartaz! E um sucesso cercado de mulheres — sempre elas! — por todos os lados. Era um musical muito transgressor: uma freira fazia um striptease, a madre superiora se drogava, tudo podia acontecer. E aconteceu. Numa das muitas remontagens das *Noviças*, eu fiz o papel da madre superiora. Num determinado momento, a minha personagem dava uma cafungada num cheirinho de loló e ficava doidona. A madre não tinha ideia do que estava acontecendo, nem do que tava cheirando, mas, mesmo assim, não parava de se drogar. Ela confessa que encontrou um vidrinho no armário dos estudantes e... [*já torta, lê o que está escrito no vidrinho*] É... Loló mesmo...

Os três cantam "Nunsense, humor de freira", de Dan Goggin em versão de Flávio Marinho.

SORAYA:

Nunsense. Humor de freira
É sempre popular
O povo ri da gente
Que só tenta agradar
Como é nosso hábito e
Mantendo a tradição
Vamos juntas para o céu,
Cantando este refrão!

SORAYA:

[*como a madre drogada*] Solta a franga, galera!

OS TRÊS:

Nunsense, humor de freira
É sempre popular e
Nós cantamos, nós dançamos,
Vamos abafar!
Nunsense, humor de freira
Trocadilho que rimou
Muito carinho,
Do nosso jeitinho,
Nunsense é nonsense
"Nunsense" é o nome do show!

FLÁVIO:

A esta altura, todo mundo já sabe do tamanho do meu amor pelos musicais. E a gente não pode esquecer nunca que devemos nosso teatro musical à esta grande mulher: Chiquinha Gonzaga. Há alguns anos, Soraya e eu fazíamos um show sobre a história do teatro musical brasileiro e abríamos o espetáculo justamente com Chiquinha Gonzaga — a mãe da comédia musical brasileira. Se, até hoje, o mundo dos musicais ainda é dominado pelos homens, imaginem o reboliço que foi em 1884, quando a Chiquinha — uma compositora, pianista e maestrina negra — apareceu com a opereta *A corte na roça.* Abusada, Chiquinha não fez por menos: no final do espetáculo, colocou um número de maxixe — uma dança que, mais tarde, seria proibida pela censura da época por ser "sensual demais". Em compensação, a crítica — naquele tempo, havia uma crítica jornalística muito atuante — disse que a música de Chiquinha era "bem instrumentada, alegre, buliçosa, saltitante, cheia de mimo e de caráter nacional". A partir daí, ninguém segurou mais a nossa Chiquinha!

Lili entra com a introdução instrumental de "Forrobodó" de Chiquinha Gonzaga.

SORAYA:
[*canta "Forrobodó"*]

Forrobodó de maçada
Gostoso como ele só!
É tão bom como a cocada
É melhor que o pão de ló!

Forrobodó de maçada
Gostoso como ele só!
Xi! A zona tá estragada!
Ai, meu Deus, que forrobodó!

Tem enguiço, tem feitiço
Na garganta faz um nó!

Então, seu guarda, o que é isso?
Ai, meu Deus, que forrobodó!

Mas, então, pelo que vejo,
Não apanho um frango só!
Eu vejo, que já não vejo
Ai, meu Deus, que forrobodó!

SORAYA:

Esse grande sucesso de Chiquinha acabou chegando em 1911, permanecendo quatro anos em cartaz! Era uma opereta de costumes cariocas: "Forrobodó"!!! [*cantando*] Ai, meu Deus, que forrobodó!

FLÁVIO:

Pra quem não sabe, "forrobodó" quer dizer "arrasta-pé, farra, troça, confusão, desordem, rolo, treta". E a vida da gente pode ser mesmo um grande forrobodó: eu, por exemplo, me formei em Direito, cheguei a chefe de gabinete do Tribunal de Contas, mas logo vi que aquilo não era a minha praia. Depois, vivi, intensamente, por 14 anos, o jornalismo cultural carioca, mas ainda tinha alguma peça faltando no meu quebra-cabeça pessoal. Só fui encontrar a minha tribo depois dos 30 anos, aqui... no teatro!

Os três cantam "Isto é o teatro", de Vicente Paiva em ritmo de marchinha.

OS TRÊS:

Nossa vida é o teatro
E o teatro é o nosso lar

Nossa vida é alegria
Nossa glória, representar
Nós vivemos à luz de cores
Sob o céu dos refletores
Não há outro lugar pra se viver
Que nos dê tanta alegria e prazer!
Vamos dizer de coração
E repetir outra vez a cantar
Nossa vida é o teatro
E o teatro é o nosso lar...
Vamos dizer de coração
E repetir a cantar
Nossa vida é o teatro
E o nosso show
E o nosso show
Vai terminar!!!!
OBA!!!!!!

GARÇOM:
Adoro um oba.

FIM

Almas de teatro

Uma reportagem da alma: assim, de forma direta, poderia ser definido o novo texto teatral de Flávio Marinho. Ou talvez fosse importante ir um pouco adiante e proclamar: é uma reportagem da alma teatral. As palavras diretas desnudam, em sua simplicidade, de forma precisa, até mesmo cirúrgica, o grande segredo do texto — elas revelam o mistério da atração magnética que ele exerce sobre o leitor e, naturalmente, a atração que exercerá sobre o público de teatro.

Ao mergulhar sem amarras nas tramas de sua entrega pessoal irrefreável ao teatro, nascida na infância, o autor expõe os caminhos de construção da sua identidade para nos revelar, exatamente, o poder do teatro. De imediato percebemos a construção de um fluxo límpido de emoção, uma espécie de corrente de energia que ultrapassa os jogos simples de palavras, pensamentos, emoções, para se impor como arrebatamento. Uma construção sutil se revela; a magia do palco leva o espectador a vivenciar um lugar interior pulsante, provavelmente o centro gerador da vida, aquilo que podemos chamar de alma teatral. É uma das faces humanas fundamentais para a existência coletiva da espécie, à qual todos estão condenados.

É importante perceber — graças à espontaneidade exemplar do texto de Marinho — que não nasce, nessa relação, uma consciência ou uma percepção clara do processo. A coisa toda se dá como fluxo inconsciente — ou pré-consciente —, procedimento inerente aos processos sensíveis da arte. Trata-se de uma roda-viva afetiva. Ao final da leitura, uma névoa de amor indizível se instaura dentro do leitor-espectador. A vida parece repaginada — como se a trajetória do autor-ator induzisse a uma delicada redescoberta particular, pessoal, uma reinvenção do eu.

E como funciona essa máquina de reinventar as pessoas? A marchinha de Vicente Paiva "Isto é o teatro" é o passe para ingressar num universo mágico. Vale acompanhar algo da trajetória. Evidentemente houve na história de vida de Marinho uma bênção, um presente dos deuses do teatro: nas suas memórias, ele nos conta o impacto vivido ao conhecer estrelas absolutas do século XX, artistas que revelaram inquestionável excelência nas suas carreiras. "Deu sorte", diriam os pessimistas. O detalhe, no fundo, não importa, o que conta é o acontecimento.

Ainda que a sua grande descoberta da arte tenha sido iniciada com o cinema, graças à arrebatadora Sarita Montiel e, a seguir, à deslumbrante Julie Andrews, logo a memória teatral admirável do autor se instala em cena com a lembrança de Norma Suely cantando "Dó-Ré-Mi", na primeira versão teatral brasileira do musical *A noviça rebelde,* batizada de *Música, divina música.*

Depois da diva brasileira, ele segue o tom, descortinando outros momentos de arte de primeira grandeza: Barbra Streisand, do rádio para as telas e a cena; Soraya Ravenle, parceira--cúmplice atual no palco, no imenso sucesso alcançado com o musical *Dolores*, de 1999; a exímia diretora musical Liliane Secco — com quem o autor começou a trabalhar em 1994 no show *Falabella canta Disney* (que depois seria rebatizada de *Falabella solta os bichos*); até chegar ao deslumbramento máximo diante de Bibi Ferreira em *My Fair Lady*. E segue adiante... Há um toque autoral preciso em tudo, uma mistura requintada de humor, carinho e admiração.

Parece que o público está diante de um luxuoso álbum de memórias, um relicário inspirado, pontilhado de estrelas. Portanto, *2 ou 3 coisas que eu sei delas*, com a presença do próprio autor em cena dialogando a respeito de suas memórias teatrais e de recortes da vida das parceiras de palco, segue uma tendência atual da dramaturgia que a academia definiu como "dramaturgia do eu".

São peças nas quais o centro da ação não é um conflito no sentido clássico do termo, mas uma forma de exposição do eu-autor ao mundo-plateia. As formas clássicas do texto teatral estão em suspenso, deslocadas a favor da narração, da exposição de fatos, da busca de diálogo com a plateia — ainda que o diálogo, aqui, seja apenas sugerido ou, no máximo, conduzido sob a forma de coro. O objetivo é o de alcançar um encontro sensível intenso, atento ao mundo em que se vive. E, em particular, atento ao mundo estrelar do teatro.

Naturalmente, o estar em cena, a antiga representação, aparece transformada já a partir do texto; obedece a um outro ritmo: em lugar da velha *representação*, temos performances, quer dizer, formas diretas de apresentação dos relatos. Em lugar de concentração e mergulhos nos abismos interiores, temos carisma, empatia e exposição personalizada. A técnica preside o estar em cena, revestida, porém, de espontaneidade, forma eficiente para conduzir o público.

Consequentemente, também não existe a antiga convenção ação-conflito, mas a descrição, o relato dos fatos, sob uma ótica espetacular — no caso, os recursos do musical, inclusive com o convite à plateia para aderir ao canto. Em lugar do jogo entre protagonista e antagonista, se instaura o ritmo do diálogo coloquial sob as tensões cotidianas.

De certa forma, contudo, há uma contraposição — diante dos espectadores, se apresentam atores solícitos, adeptos fervorosos da sua arte. Eles buscam dissolver esse suposto antagonismo; o objetivo final da cena é exatamente este. Portanto, eles se movem em cena engajados na proposição de um convite: o convite para que o público conheça um eu diferenciado, o eu do autor apaixonado por teatro, capaz de demonstrar como pode ser tecida, na arte, uma comunhão de almas.

Assim, com a delicadeza de quem fala a partir de uma espiral de sensações intensas, profundamente ligadas à forma de cada um estar no mundo, a cena busca tocar as almas da plateia, para revelar como elas são, também, amantes do palco: almas de teatro. Arrebatadas para seguir uma viagem sentimental, elas são conduzidas a um lugar de contemplação da vida renovado, ali onde a poesia do teatro, em liberdade absoluta, habita, para a reinvenção do humano.

Tania Brandão
Crítica teatral

CIP-BRASIL. CATALOGAÇÃO NA PUBLICAÇÃO
SINDICATO NACIONAL DOS EDITORES DE LIVROS, RJ

M29d

Marinho, Flávio

2 ou 3 coisas que eu sei delas / Flávio Marinho. - 1. ed. - Rio de Janeiro : Cogobó, 2025.

72 p. ; 19 cm. (Dramaturgia)

ISBN 978-65-5691-181-6

1. Teatro brasileiro (Literatura). I. Título. II. Série.

25-100126.0 CDD: B869.2
CDU: 82-2(81)

Carla Rosa Martins Gonçalves - Bibliotecária - CRB-7/4782

Editora-chefe
Isabel Diegues

Coordenação editorial
Aïcha Barat

Gerente de produção
Melina Bial

Revisão final
Marina Saraiva

Projeto gráfico, diagramação e montagem de capa
Mari Taboada

Capa
Gamba Júnior

Editora de Livros Cobogó Ltda.
Rua Gen. Dionísio, 53, Humaitá
Rio de Janeiro – RJ – Brasil – 22271-050
www.cobogo.com.br

COLEÇÃO DRAMATURGIA

ALGUÉM ACABA DE MORRER LÁ FORA, de Jô Bilac

NINGUÉM FALOU QUE SERIA FÁCIL, de Felipe Rocha

TRABALHOS DE AMORES QUASE PERDIDOS, de Pedro Brício

NEM UM DIA SE PASSA SEM NOTÍCIAS SUAS, de Daniela Pereira de Carvalho

OS ESTONIANOS, de Julia Spadaccini

PONTO DE FUGA, de Rodrigo Nogueira

POR ELISE, de Grace Passô

MARCHA PARA ZENTURO, de Grace Passô

AMORES SURDOS, de Grace Passô

CONGRESSO INTERNACIONAL DO MEDO, de Grace Passô

A PRIMEIRA VISTA | IN ON IT, de Daniel MacIvor

INCÊNDIOS, de Wajdi Mouawad

CINE MONSTRO, de Daniel MacIvor

CONSELHO DE CLASSE, de Jô Bilac

CARA DE CAVALO, de Pedro Kosovski

GARRAS CURVAS E UM CANTO SEDUTOR, de Daniele Avila Small

OS MAMUTES, de Jô Bilac

INFÂNCIA, TIROS E PLUMAS, de Jô Bilac

NEM MESMO TODO O OCEANO, adaptação de Inez Viana do romance de Alcione Araújo

NÔMADES, de Marcio Abreu e Patrick Pessoa

CARANGUEJO OVERDRIVE, de Pedro Kosovski

BR-TRANS, de Silvero Pereira

KRUM, de Hanoch Levin

MARÉ/PROJETO bRASIL, de Marcio Abreu

AS PALAVRAS E AS COISAS, de Pedro Brício

MATA TEU PAI, de Grace Passô

ÃRRÃ, de Vinicius Calderoni

JANIS, de Diogo Liberano

NÃO NEM NADA, de Vinicius Calderoni

CHORUME, de Vinicius Calderoni

GUANABARA CANIBAL, de Pedro Kosovski

TOM NA FAZENDA, de Michel Marc Bouchard

OS ARQUEÓLOGOS, de Vinicius Calderoni

ESCUTA!, de Francisco Ohana

ROSE, de Cecilia Ripoll

O ENIGMA DO BOM DIA,
de Olga Almeida

A ÚLTIMA PEÇA, de Inez Viana

BURAQUINHOS OU O VENTO
É INIMIGO DO PICUMÃ,
de Jhonny Salaberg

PASSARINHO,
de Ana Kutner

INSETOS, de Jô Bilac

A TROPA,
de Gustavo Pinheiro

A GARAGEM,
de Felipe Haiut

SILÊNCIO.DOC,
de Marcelo Varzea

PRETO, de Grace Passô,
Marcio Abreu e Nadja Naira

MARTA, ROSA E JOÃO,
de Malu Galli

MATO CHEIO, de Carcaça
de Poéticas Negras

YELLOW BASTARD,
de Diogo Liberano

SINFONIA SONHO,
de Diogo Liberano

SÓ PERCEBO QUE ESTOU
CORRENDO QUANDO VEJO QUE
ESTOU CAINDO, de Lane Lopes

SAIA, de Marcéli Torquato

DESCULPE O TRANSTORNO,
de Jonatan Magella

TUKANKÁTON + O TERCEIRO
SINAL, de Otávio Frias Filho

SUELEN NARA IAN,
de Luisa Arraes

SÍSIFO, de Gregório Duvivier
e Vinicius Calderoni

HOJE NÃO SAIO DAQUI,
de Cia Marginal e Jô Bilac

PARTO PAVILHÃO,
de Jhonny Salaberg

A MULHER ARRASTADA,
de Diones Camargo

CÉREBRO_CORAÇÃO,
de Mariana Lima

O DEBATE, de Guel Arraes
e Jorge Furtado

BICHOS DANÇANTES,
de Alex Neoral

A ÁRVORE, de Sílvia Gomez

CÃO GELADO, de Filipe Isensee

PRA ONDE QUER QUE EU
VÁ SERÁ EXÍLIO,
de Suzana Velasco

DAS DORES,
de Marcos Bassini

VOZES FEMININAS — NÃO EU,
PASSOS, CADÊNCIA,
de Samuel Beckett

PLAY BECKETT — UMA PANTOMIMA
E TRÊS DRAMATÍCULOS (ATO SEM
PALAVRAS II | COMÉDIA/PLAY |
CATÁSTROFE | IMPROVISO DE OHIO),
de Samuel Beckett

MACACOS — MONÓLOGO
EM 9 EPISÓDIOS E 1 ATO,
de Clayton Nascimento

A LISTA,
de Gustavo Pinheiro

SEM PALAVRAS,
de Marcio Abreu

CRUCIAL DOIS UM,
de Paulo Scott

MUSEU NACIONAL [TODAS AS VOZES DO FOGO],
de Vinicius Calderoni

KING KONG FRAN,
de Rafaela Azevedo e Pedro Brício

PARTIDA, de Inez Viana

AS LÁGRIMAS AMARGAS DE PETRA VON KANT,
de Rainer Werner Fassbinder

AZIRA'I — UM MUSICAL DE MEMÓRIAS, de Zahỳ Tentehar e Duda Rios

SELVAGEM,
de Felipe Haiut

UM JARDIM PARA TCHEKHOV,
de Pedro Brício

SETE MINUTOS,
de Antonio Fagundes

DOIS DE NÓS,
de Gustavo Pinheiro

LADY TEMPESTADE,
de Sílvia Gomez

NÃO ME ENTREGO, NÃO!, de Flávio Marinho

MARIPOSAS AMARILLAS,
de Inez Viana

ANA LÍVIA E OUTRAS MULHERES,
de Caetano W. Galindo

O DINOSSAURO DE PLÁSTICO,
de Gustavo Vilela

COLEÇÃO DRAMATURGIA ESPANHOLA

A PAZ PERPÉTUA, de Juan Mayorga | Tradução Aderbal Freire-Filho

ATRA BÍLIS, de Laila Ripoll | Tradução Hugo Rodas

CACHORRO MORTO NA LAVANDERIA: OS FORTES, de Angélica Liddell | Tradução Beatriz Sayad

CLIFF (PRECIPÍCIO), de José Alberto Conejero | Tradução Fernando Yamamoto

DENTRO DA TERRA, de Paco Bezerra | Tradução Roberto Alvim

MÜNCHAUSEN, de Lucía Vilanova | Tradução Pedro Brício

NN12, de Gracia Morales | Tradução Gilberto Gawronski

O PRINCÍPIO DE ARQUIMEDES, de Josep Maria Miró i Coromina | Tradução Luís Artur Nunes

OS CORPOS PERDIDOS, de José Manuel Mora | Tradução Cibele Forjaz

APRÈS MOI, LE DÉLUGE (DEPOIS DE MIM, O DILÚVIO), de Lluïsa Cunillé | Tradução Marcio Meirelles

COLEÇÃO DRAMATURGIA FRANCESA

É A VIDA, de Mohamed El Khatib | Tradução Gabriel F.

FIZ BEM?, de Pauline Sales | Tradução Pedro Kosovski

ONDE E QUANDO NÓS MORREMOS, de Riad Gahmi | Tradução Grupo Carmin

PULVERIZADOS, de Alexandra Badea | Tradução Marcio Abreu

EU CARREGUEI MEU PAI SOBRE MEUS OMBROS, de Fabrice Melquiot | Tradução Alexandre Dal Farra

HOMENS QUE CAEM, de Marion Aubert | Tradução Renato Forin Jr.

PUNHOS, de Pauline Peyrade | Tradução Grace Passô

QUEIMADURAS, de Hubert Colas | Tradução Jezebel De Carli

COLEÇÃO DRAMATURGIA HOLANDESA

EU NÃO VOU FAZER MEDEIA, de Magne van den Berg | Tradução Jonathan Andrade

RESSACA DE PALAVRAS, de Frank Siera | Tradução Cris Larin

PLANETA TUDO, de Esther Gerritsen | Tradução Ivam Cabral e Rodolfo García Vázquez

NO CANAL À ESQUERDA, de Alex van Warmerdam | Tradução Giovana Soar

A NAÇÃO — UMA PEÇA EM SEIS EPISÓDIOS, de Eric de Vroedt | Tradução Newton Moreno

2025

1ª impressão

Este livro foi composto em Calluna.
Impresso pela Gráfica Viena,
sobre papel Pólen Bold 90 g/m².